KB201877

우리의 原形을 찾는다

韓國基層文化의 探究—❽

우리의 原形을 찾는다

韓國文化와 精神의 뿌리가 있는 흔적들

The Harmony of Heaven, Earth and Man

사진·글 박정태

열화당

天地人 조화의 현장을 찾아서

　‘문명의 충돌’이니 ‘문화 전쟁’이니 하는 말이 낯설지 않게 되었다. 문화는 이제 민족이나 국가의 명운을 좌우하는 결정적 요소로 떠올라 있다. 자국의 문화를 보호 육성하고 그것을 세계에 펼치는 문제는 이제 지구촌 모든 나라의 중심 과제이다.

　우리나라도 거세게 밀려오는 세계화의 파도 속에, 우리 문화의 정체성을 올곧게 세우는 주체적 세계화의 길을 모색해야 한다. 그렇다면 무엇을 해야 하며, 그 방법은 어떤 것일까. 나는 그 모색의 실마리가 ‘우리 문화 원형의 상징성과 역사성의 회복’에 있을 것이라 생각한다. 우리 문화의 원형이란 우리 문화의 기층에 자리하고 있는 알맹이로, 우리 민족의 개성, 집단적 무의식 그리고 독특한 문화 의지와 지향을 담은 민족문화의 순수 질료를 말한다. 사실 우리 문화 원형은 일제 강점기 그리고 고도의 경제 성장기를 거치면서 심각하게 왜곡 훼손되었다. 일제의 식민정책은 우리 문화를 뿌리째 흔들었고, 민족문화 말살을 위해 우리 문화를 자생성이 없는 나약하고 의존적인 것이라 매도했다. 해방 후에는 근대화 물결 속에 서구문화가 이식되어, 우리 문화는 비과학적이고 비합리적인 것으로 평가절하되었다. 우리 삶 속에는 서구문화가 빠르게 유입되었고, 우리의 고유한 민속 유산들은 샤머니즘이라는 멍에를 쓰고 무관심 속에 버려져 왔다.

그럼에도 불구하고 우리 강산은 그 자체로 문화 원형의 유적이라 할 수 있을 만큼 수없이 많은 문화 원형의 유산들이 남아 있다. 우리 민속의 돌탑, 서낭당, 당산목, 장승, 솟대, 가신 들, 우리 민족 성씨 시조의 신화들과 무수한 구전의 설화들, 우리 민족문화 원형의 가장 뚜렷한 상징체계인 단군신화. 나는 전국을 떠돌며 이러한 것들이 우리 정체성의 바탕이자 우리 역사를 만들어 온 원동력임을 확인할 수 있었다.

전남 나주와 담양에는 이 땅을 기울어진 배로 생각하고 그 배를 바로 세우는 돛대로서 당간지주가 높이 서 있다. 우리 정체성이 외부의 거센 파도에 휩쓸려 기울어질 때 그것을 다시 일깨우고 세계의 중심에 올곧게 세우려는 민족정신의 위대한 상징물이다. 온 마음을 쏟으며 우리 문화의 원형을 찾아다니던 나는, 이 성스러운 기둥이 우주목(宇宙木)의 의미를 내포한 고조선의 신시(神市) 신단수(神壇樹)의 상징성을 이어받은 것으로, 삼한의 소도 솟대, 마을마다의 당산목으로 이어져 온 구원(久遠)의 역사성을 계승한 것임을 느낄 수 있었다. 세 개의 기둥이 모여 한 기둥을 이루는 천지인(天地人) 조화의 상징이자, 민족의 정신을 우주의 영성(靈性)에 이르게 하는 매개체로 이집트의 오벨리스크나 그리스의 옴팔로스에 비견될 만한 유물이다. 그러나 오늘날의 학문은 당간지주에서 사찰의 기를 다는 기능성만 볼 뿐, 불교를 스스로 받아들이고 그 앞에 높이 세운 민족 고유의 정신, 그 안에 내재한 상징성과 역사성은 찾아내지 못하고 있다. 비단 당간지주뿐만 아니다.

고고학, 사학, 서지학, 민속학, 종교학, 철학 등으로 나뉜 현대의 분과 학문은 선조들의 총체적 인식을 표현한 신화나 암각화의 상징체계, 공동체 문화를 통해 형성된 갖가지 민속의 의미와 가치들을 해석하는 데 뚜렷한 한계를 드러내고 있다. 왜냐하면 문화 원형의 이해는 각 분과 학문의 이성적, 실증적 분석보다는 총체적 감성을 통해서 공감해야만 얻어지는 것이기 때문이다. 쉽게 말해서 문화의 원형은 머리로 알아내는 것이 아니라 몸과 마음으로 상징성을 느껴야 하는 것이다. 상징성은 말과 글로 다 표현할 수 없는 다가성(多價性)과 절대까지를 내포하고 있기 때문이다. 물론 각 분과 학문의 연구를 부정하는 것은 아니다. 그러나 나는 사진이라는 방법을 통해 문화의 원형에 접근했기 때문에, 분절된 학문에 얽매이지 않는 감성으로 대상과 공감하며 몸과 마음으로 우리 문화의 원형을 느낄 수 있었음을 다행으로 여긴다.

총체적 감성의 눈으로 접근하면 이 땅의 문화 원형이 상징하는 고유의 민족정신이 일관된 흐름으로 우리 역사에 관철되어 왔음을 느낄 수 있다. 우리의 민족정신은 신의 세계와 인간세계가 교감 소통하여 천지인이 우주적 조화와 질서를 구가하는 전체적이고 통합적인 세계관을 지향하고 있다. 이러한 세계관은 동북아시아 모태문화인 '삼수(三數) 분화의 세계관'으로 해석될 수 있다. 삼수의 분화란 없음에서 하나가 나오고, 하나에서 셋으로 분화되고, 분화된 셋이 다시 하나의 통일체를 구현하는 다양성과 통일성이 복합된 논리이다. 중국적 세계관은 역(易)의 음양이 상징하는 바와 같이 이수(二數) 분화를 특징으로 하며, 신의 세계보다는 인간세계, 영적 세계보다는 현실세계를 중시하는 세속적인 세계 이해를 보인다. 이에 비해 우리 민족의 삼수 분화의 세계관은 언제나 하늘과 땅과 인간이 조화롭게 연결된 우주적 질서를 강조하며, 현실적 가치와 영적이고 정신적인 가치의 균형을 추구하는 우주적 휴머니즘을 지향하고 있다. 천지인 삼재론(三才論), 삼신사상(三神思想)도 모두 이러한 삼수 분화의 세계관에 근거한 것이다.

우리 민족의 건국신화인 단군신화는 이러한 세계관의 전형적인 예이다. 단군신화는 환인(桓因)의 아들 환웅(桓雄)이 '널리 인간세상을 이롭게 하기 위해' 하늘에서 하강하여 지상의 웅녀(熊女)와 혼인, 인간세상을 다스리는 반신반인(半神半人)의 단군왕검(檀君王儉)을 낳는 구조로 되어 있다. 우리는 이 신화에서 하늘과 땅 그리고 인간이 혈연적으로 연결되어 있음을 알 수 있다. 그러므로 하늘의 자손인 단군은 하늘의 대리자로서 인간세상을 다스리는 것이며, 그 다스림의 목적은 우주적 질서, 자연적 질서에 어긋나지 않게 홍익인간(弘益人間)하는 것이다. 이처럼 우리 민족문화는 그 태초의 원형에서부터 이미 천지인의 조화로운 소통 교감의 정신을 표현하고 있다.

이와 같은 천지인 조화의 정신은 이 땅 도처에 다양한 조형으로도 구현되어 왔다. 그것들은 형태에 있어서나 그 상징에 있어서 천지인을 뜻하는 세 가지 요소가 모여 하나의 완성을 이루는 삼일(三一)의 조형을 보이고 있다. 옛 고조선 강역에서 발견되는 비파형 청동검이나 고구려 벽화의 삼족오(三足烏), 전통 문양인 삼태극(三太極), 금관에 보이는 삼수(三樹)의 수지형(樹枝形) 입식(立飾), 당간지주, 우리 옛 건축의 삼구일문(三口一門) 그리고 한글에 이르기까지 천지인의 조화로운 소통과 교감을 상징하는 우리 문화 유산은 수없이 많다. 또한 그 정신은 우리 삶의 곳곳에 녹아 내려 우리 가정에서는 천신(天神)인 성주신, 지신(地神)인 터줏대감, 인신(人神)인 삼신 단지를 가신으로 모셨고, 마을 공동체에서는 그 정신이 두레와 동제(洞祭), 대동놀이에서 사람과 사람 간의 조화와 신명으로 나타났다.

눈과 귀가 온통 정보화, 세계화에 쏠려 있는 지금의 우리에게는 잘 보이지 않지만, 구한말의 개화 이후 전통과의 급격한 단절을 경험한 세월이 일백 년 남짓이라고 한다면, 우리 민족은 그 이전 수천 년을 우리 스스로 가꾸어 온 고유한 전통과 정신 그리고 우리만의 민속 안에서 살아왔다. 그리고 그 핵심의 정신은 바로 민족 건국신화인 단군신화가 상징하고 있는 천지인 조화의 정신이라 할 수 있을 것이다. 이제 무엇을 알아야 우리 자신을 제대로 아는 것인지, 무엇이 우리의 창조적 미래를 열어 줄 것인지 분명해진다. 무수한 원형의 문화가 상징하는 진정한 정신을 살피고 그 역사성을 찾아 올라가면 우리만의 고유한 자연관, 인간관, 역사관이 오롯이 드러난다. 우리 민족은 천지인으로 대변되는 신의 세계, 땅의 세계, 인의 세계를 모순없이 연결하는 우주적 질서의 조화로운 삶을 추구했던 것이다. 이러한 우리 문화의 원형 정신은 정신적 가치를 너무나 경시하는 물질만능주의, 생태계를 희생해서라도 당장만 잘살면 된다는 편협한 인간중심주의의 현대문명에 경종을 울리고 있다. 그것은 민족의 미래지향적 가치관의 근본적인 출발점이 우리 문화의 원형 정신이 되어야 함을 말해 주고 있다. 세계화 또한 서구적

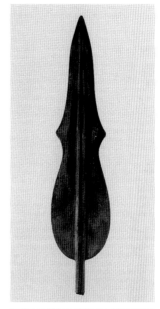

비파형 청동검.
중국의 송화강, 요하 지역, 러시아의 연해주에 걸친 넓은 지역에서 발굴되는 검이다. 육만여 기에 달하는 고인돌의 껴묻거리로 발굴되는 경우가 많으며, 주변 지역국에서 발굴되는 일체식 검과 달라 고조선의 강역과 문화권을 가늠하는 지표가 된다. 세 부분을 결합하는 형태로 검신은 여(地), 뇌문(雷紋)이 새겨진 검자루는 남(天), 검자루 받침의 타원형 알은 씨알(人의 씨이자 곡물의 종자)을 의미한다. 풍요와 번성을 기원하는 제의 용구로 천지인 합일을 상징적으로 표현하고 있다.

인 것을 모방, 추수하는 것이 아니라 우리 민족문화 원형 정신의 도도한 흐름이 넓어지고 깊어지는 방향으로 전개되어야 할 것이다.

이제 우리는 단군신화의 천지인 조화의 정신에서 출발하여, 우리의 정체성을 바로 세우는 돛대인 당간지주의 의미를 이해하고, 가신 신앙의 터줏대감과 시골길 동네 어귀의 장승에서 이 땅과 고을을 지켜 온 선조들의 내력을 살필 줄 알고, 금줄을 두른 당산나무가 우리를 우주의 영성에 이르게 하는 입문(入門)임을 다시금 깨달아야 한다. 그렇게 함으로써 우리 하늘과 우리 땅과 우리 얼이 하나되는 울림을 느낄 수 있을 때 이 땅과 역사를 이어 가는 문화 계승자의 몫을 다할 수 있을 것이며, 자존심만이 아닌 진정한 자긍심을 가질 수 있을 것이다.

여기의 사진들은 우리 문화 원형 속에 깃든 상징성과 역사성을 포착함으로써 우리의 정체성을 표현해 보고자 한 작은 노력의 결실이다. 나는 단군이나 민속의 마을굿에 종교로서의 의미를 부여하고자 하는 것은 아니다. 나는 오대째 기독교를 믿는 집안에서 자란 기독교인이나, 우리의 국조(國祖)나 우리 문화의 정신적 바탕을 부정하고서는 우리의 역사도 없고 미래도 없다는 믿음에서 지금까지 작업해 왔다. 독자들도 이 사진들을 통해 우리 문화의 원형 정신을 느낄 수 있다면 더없는 보람이 될 것이다.

2000년 9월 5일 박정태

The Harmony of Heaven, Earth and Man

It's common to hear talk about culture shock and culture wars. To listen to it is to believe that culture is a decisive element in the destiny of a people or a country. This explains why governments believe it is their responsibility to protect, develop and showcase their countrys' cultures.

In the midst of the waves of new global culture, Korea must stay afloat and navigate its own cultural path. Its starting point should be the reestablishment of its own history and the symbolic origins of it culture. These archetypes are in the collective subconsciousness of the people, expressed in its determination and direction, which were thwarted during the Japanese occupation and deformed during the country's economic boom.

But our cultural heritage has endured, and our countryside, mountains and rivers remain. *seonangdang*, which are stone pagodas symbolizing the spirits that protect us, mountain gods, totem poles, *sotdae*, which are wooden poles decorated with sculpted animals and worshipped at harvest times, household gods, myths surrounding the creators of our people's names, numerous oral stories, the myth of *Dangun*, who is the first Korean king—all of these cultural relics maintain the energy of our history and determine the foundation of our identity.

In the cities of Damyang and Naju, which are in the Southern Jeolla region, a *dangganjiju*, which is a pillar that used to be topped with a flag, thanks Buddha; the ensemble is like a mast without which the ship risks sinking—for the earth is a kind of ship that at any moment is in peril. This is a magnificent symbol of our people's spirit remaining afloat in the violent waves of global culture. It also symbolizes the harmony of heaven, earth and man, comparable to the obelisk in Egypt.

Unfortunately, this symbol and many other traditional symbols in our culture are neglected today. Modern cultural studies have demonstrated their limits in the analysis of the meaning and value of our folk culture, whether it be stone carvings or ancestral myths. But, even more than our comprehension of our cultural origins, our sensibility is lacking.

Only with our sensibility can we appreciate the coherence of our cultural origins, our history and our spirit. Only with our spirit can we achieve the harmony of heaven, earth and man.

The fundamental Korean myth of *Dangun* symbolizes a harmony among heaven, earth and man founded on blood. In it, the son of heaven, or *Dangun*, governs and enriches the human world and makes sure that it stays within the natural and universal order. This three-element harmony can be found in many forms across Korea: in ancient lute-shaped bronze swords, in the ancient Goguryeo Dynasty murals that tell the story of a crow that lives in the sun, in the traditional motif of three symbols representing the Supreme Ultimate, in the crown shaped like a standing tree branch, in the *dangganjiju* or flag topped pillar, in the door composed of three entryways found in traditional architecture, and in elements of the Korean alphabet. It has only been for a short hundred years in our 5000-year history that this cultural tradition, symbolized in the myth of *Dangun* as our founding father, has become weakened.

In numerous historical motifs we can witness these symbols of our culture, history, and of man and nature. At their center are the three harmonious elements, heaven, earth and man, which safeguard us from the inhuman, egotistical side of civilization, from the destruction of nature and spiritual values, and from the sad triumph of materialism. These three historical and spiritual elements should also accompany us in our 21st-century quest for a new and humane vision of culture.

우리의 原形을 찾는다

차례

도판

韓國文化,
韓國精神의 흔적이 있는 現場들

남원 만복사지를 복원하면서 만든
도로 때문에 이 석인상은 머리만 남기고
묻히는 신세가 되었다. 땅속에는 또 하나의
석인상이 부러진 채로 묻혀 있다.

불변과 영원의 신성神聖, 입석으로 서다

이 입석은 남근석이면서
미륵이다. 돌은 불변과 영원을
상징하며 절대적 존재의
본질까지 계시한다. 그러한
돌의 상징성을 통해 조상들의
관념은 우주에 닿았다.
조상들은 돌을 세우는 원초적
행위에 이상과 질서를 세운다는
뜻과 함께, 불변과 영원의
강한 신성성(神聖性)을
부여해 왔다.

전남 화순군 화순읍 벽라리, 입석. 1995. 9.

충북 옥천군 청성면 구음리, 조상 입석. 1998. 5.
마을 어귀에서 제일 먼저 만나게 되는 조상 입석이다. 주민들은 이 마을을 처음 일으킨 조상을
마을 어귀에 세워 '조상님'이라 부르고, 해마다 마을의 평안과 풍농(豊農), 축액(逐厄)을 기원하는
동제(洞祭)를 올린다. 조상 입석은 마을의 역사와 함께 하며 외부에서 들어오는
모든 재액(災厄)을 막아 주는 마을지킴이이다.

강원 양구군 남면 광치고개 절터골, 인면 암각 입석, 1999. 10.
석기 또는 청동기시대 것으로 추정된다. 울산 울주군의 대곡리와 천전리 등지에서
볼 수 있는 인면 암각화가 주술적 기능을 담당한 것이라면, 이 입석은 거기에
독자적 몸체가 더해져 입석 또는 장승으로의 또다른 역할을 부여받은 것으로 짐작된다.
몸체의 조각을 생략하는 돌장승 형태의 기원으로 생각할 수 있다.

충남 공주시 사곡면 신영리, 입석 장승. 1996. 3.
금줄이 둘리고 '서방백제대장군(西方白帝大將軍)'이 각자(刻字)된 이 입석은 음양오행사상과 풍수사상,
민간신앙을 한 몸에서 엿보게 한다. 이렇듯 입석 하나에도 시대마다 부여된 문화의 누적이 나타난다.

전남 강진군 대구면, 입석. 1998. 10.
하늘에서 햇볕과 비가 충분히 내려야 땅의 곡식이 풍요로운 성장과 결실을 이룬다.
하늘과 땅의 감응이 부부의 결합과 같이 조화롭기를 바라는 풍요 기원의 입석이다.

충북 청원군 가덕면 수곡리, 입석 장승. 1996. 3.
배산임수(背山臨水)의 길지(吉地)에 마을이 있고, 외부로 출입하는 경계지역의 허(虛)한 곳에 지킴이가 세워져 있다.
금줄을 두르고 있는 모습으로, 오랜 역사를 거쳐 형성된 장승 모습의 원형을 이 입석에서 찾아볼 수 있다.
지금 새로이 수많은 장승을 세우지만 그 본래의 모습과 의미를 왜곡, 훼손한 장승은 단지 스산한 구경거리에 불과할 뿐이다.

먼 조상, 가까운 이웃의 질박한 얼굴

우리 민족 신성수(神聖數)인 삼수(三數)를
따라 세 장승을 세웠다. 이 마을 장승은
당산목, 솟대, 서낭당, 입석 등과 함께
마을 성역의 지킴이이다. 단순한 이정표,
경계표식의 기능뿐 아니라, 마을굿이나
장승제의 신으로 잡귀와 질병, 재액으로부터
마을을 정화하는 수호자 역할을 담당하며
늘 주민 생활 가운데 함께해 왔다.
지금 농촌의 민중들은 스스로의 삶을
창조적으로 영위할 문화와 정체성을 상실하고
있다. 두레 공동체 의식과 마을굿의 대동놀이를
되살려낼 때 건강한 농촌문화의 신명과
일체감이 회복될 수 있을 것이다.

충남 청양군 대치면 이화리, 목장승. 1998. 6.

경남 하동군 화개면 운수리 쌍계사, 목장승. 1995. 9.
나무를 거꾸로 세웠다. 뿌리를 머리로 하여 축액의 기능을 강화한 목장승이다.

충남 부여군 외산면 만수리 무량사 앞, 목장승. 1995. 6.
비바람에 잘 견디는 밤나무로 세워 오랜 세월 이 자리를 지켜 온 장승이다.

전남 순천시 송광면 이읍리, 목장승, 1998. 9.

경기 광주군 중부면 엄미 2리, 목장승, 1995. 6.

경기 광주군 중부면 엄미리, 목장승. 2000. 1.

경기 광주군 초월면 무갑리, 목장승. 2000. 1.

경기 광주군 광주읍 목현리, 목장승. 1996. 1.
연지와 곤지를 찍고 분을 바른 여장승이다. 지하여장군으로서 천하대장군,
고을 주민과 함께 천지인(天地人)의 조화를 구현한다.

장승은 입간신앙(立竿信仰),
풍수비보(風水裨補), 풍요 기원의
성기숭배(性器崇拜), 도깨비
벽사신앙(辟邪信仰) 등의
민속신앙에 유교, 불교, 도교의
사상과 상징까지 총망라한
복합문화의 구현물이다. 이 땅의
민중들은 그러한 다양한 요소들을
무념무상의 토속미, 양식화하지
않은 자연스러움, 추상성과
단순성의 민중예술로 녹여내어
소박한 우리 얼굴을 창조했다.

전남 무안군 몽탄면 달산리 법천사, 돌장승. 1995. 6.

전북 남원시 산내면 입석리 실상사, 돌장승. 1995. 12.

전북 정읍시 칠보면 백암리, 돌장승. 1995. 9.

전남 영암군 금정면 남송리 쌍계사지, 돌장승. 1995. 6.

전북 부안군 보안면 월천리, 단군·환웅 장승. 1996. 3.
일제 때 논두렁에 버려져 있었다고 한다. 이 집 할머니의 시아버지가
일제의 간섭을 피해 집에 가져와 지금까지 모셔 오고 있다.

제주 제주시 아라동, 동자석. 1999. 11.

제주 남제주군 표선면 성읍리, 돌하르방. 1995. 9.

당산목堂山木, 우리 마을에 재현된 신단수

환웅이 삼천 무리를 거느리고 태백산 정상의 신단수(神壇樹) 아래 내려왔다는
건국신화에 나타나듯이, 하늘에서 땅으로 내려온 천손족(天孫族)의 역사는 신단수로부터
시작한다. 신단수는 신수와 신단, 즉 우주목과 제단의 결합이라고 말할 수 있다.
우주목(宇宙木)이란 하늘과 땅, 하느님과 인간이 만나는 거룩한 장소에 서 있는 나무이다.
우주목의 상징성은 무궁무진하다. 우주목은 신성, 풍요, 영원, 다산, 갱생 등을 상징하며,
세계의 중심축으로 우주를 향하는 인간 감성의 입문처가 된다. 이러한 우리 민족 태초의
원형 상징성은 마을마다의 당산목에 면면히 재현되어 왔다. 당산과 당산목은
단군신화의 태백산과 신단수의 계승이며, 해마다 열리는 당산굿은 단군신화를
오늘날 재현하는 종교의례라고 볼 수 있다.

강원 강릉시 강동면 상시동리, 당산목. 1998. 11.

제주 북제주군 구좌읍 김녕리 큰당, 당산목. 1997. 9.

전북 김제군 봉남면 행촌리, 당산목. 1998. 6.

경남 거창군 가조면 대초리, 당산목. 1999. 9.

충북 괴산군 장연면 송덕리, 당산숲. 1998. 5.
이 마을에는 생활 터전인 논밭의 중심에 당산숲이 자리잡고 있다. 당산숲은 마을을
혼돈의 속된 외부 세계와 구분하고, 질서와 신성을 부여해 준다.

제주 북제주군 구좌읍 김녕리, 큰당(본향당). 1999. 11.

경북 포항시 북구 기계면 문성리, 당산목과 고인돌. 1997. 12.
고인돌 옆에 당산목이 서 있다. 오래된 선조의 무덤 옆에 당산목을 심은
후손의 마음에서 자아의 근원을 찾아가는 자연스러운 인간 감성을 느낄 수 있다.
이것은 태초부터 지금까지 이어져 온 뿌리에 대한 인간 본연의 감성이다.

천지인 天地人 을 아우른 태고의 조형

고인돌은 거석문화 시대 선인들의
조상숭배 의식을 여실히 드러내는 유물이다.
당시 공동체 사회의 축조의례, 장송의례,
제사의례의 전통과 사상은 하나의
문화양식으로 자리잡아 만주와 한반도의
광대한 지역에 확립되어 있었다.
동양 유교문화의 핵심인 충효(忠孝)의 정신이
이러한 조상숭배 의식에서 기원했음을
짐작케 한다. 뚜껑돌의 천(天), 받침돌의
지(地), 피장자 인(人)이 상징하는
천지인(天地人) 조화의 원초적 조형성을
느낄 수 있다. 껴묻거리로 발견되는
비파형 청동검의 검, 검자루, 검자루 받침
또한 세 부분이 결합하여 완성된 하나를
이루는 삼일(三一)의 조형을 보이고 있어
동일한 상징임을 알 수 있다.

전북 고창군 고창읍 도산리, 고인돌. 1995. 11.

전북 고창군 대산면 상금리, 고인돌. 1999. 5.

경남 고성군 하일면 오방리, 고인돌. 1998. 10.
윗면이 대부분 수평인 고인돌의 형태에서 고인돌이 제단으로도 쓰였음을 짐작할 수 있다.

인천 강화군 하점면 부근리, 고인돌, 1998. 3.

아리랑과도 같은 우리 애환의 흔적

동심원과 홈이 고인돌 표면에 함께 새겨져 있다. 일반적으로 동심원 문양은
태양을 상징하며 농경의 풍요, 영혼의 영원한 회귀와 재생을 의미한다.
선조들은 고인돌에 동심원을 새겨 풍요, 자손의 무한한 번성, 죽은 자의 재생을
기원했다. 무수히 파인 둥글고 작은 홈은 상고시대 전 세계의 보편적 암각으로
서구에서 컵마크(cup mark)라 부르는 것이다. 탄생과 풍요를 상징하는데,
서구에서는 상고시대 이후로 사라졌다. 그러나 우리나라에서는
기자신앙(祈子信仰)과 연관되어 '알터(性穴)' 라 불리며 최근까지 유지되어 오고
있다. 청동기시대 암각화, 남녀근석, 거북바위, 기자바위, 천제단 터, 비석의
갓머리나 거북머리, 탑 기단, 솟대 받침돌, 장수바위 등에 수많은 유적이 남아 있다.
우리만의 한과 애환이 담긴 아리랑과도 같은 우리 감성의 흔적이다.

경남 함안군 가야읍 도항리 고인돌, 알터(性穴), 1999. 1.

충남 금산군 남이면 매곡리, 알터. 1999. 2.

울산 울주군 강동면 어물리, 기자석. 1999. 9.
지금도 돌을 문지르며 자식 낳기를 기원한다.

전남 영광군 대마면, 알터. 1999. 5.
마을굿이나 놀이의 중심에 놓여 있던 거북 알터.

경북 경주시 서악동 진흥왕릉 앞, 알터. 1999. 1.

적석積石, 이 땅 곳곳의 작은 장군총들

이 석탑들의 조형에서 중국 길림성의 장군총 같은 거대한 적석총의 흔적을 엿볼 수 있다.
위대한 조상, 선왕(先王)의 적석총에 제사하며 숭배하는 의식이 전승된 상징물이라 할 수 있다.
이와 같은 선왕에 대한 숭배의 정신은 마을을 처음 일으킨 조상을 숭배하는 돌무더기
서낭당(先王堂)에도 구현되어 우리 민속문화의 근저를 이루는 정신으로 계승되어 왔다.

경북 안동시 북후면 석탑리, 석탑. 1999. 4.

경북 의성군 안평면 석탑리, 석탑. 1999. 4.

금관 가야의 마지막 왕이자 김유신의
증조부인 양왕(讓王)의 무덤으로 추정된다.
경사진 비탈을 이용하여 돌을 쌓아 칠 층의
단을 만들었으며 정상부는 타원을 이루고 있다.
시골 마을에서 마을을 처음 일으킨 조상을
상징하여 세운 서낭당 돌탑도 이와 같은
선왕의 돌무지 무덤과 그 유래와 의미가
유사하다는 것을 느낄 수 있다.

경남 산청군 금서면 화계리, 구형왕릉(仇衡王陵), 1997. 8.

충북 괴산군 청천면 고성리, 당산목 · 돌탑 서낭당 · 장승 · 금줄. 1997. 5.
민속신앙의 나무, 돌, 금줄, 장승이다. 오늘날 우리는 그것들이 우리 민족의 자연관,
인간관, 가치관을 내재한 표상임을 간과하고 전근대적 물신(物神)이라고 외면하고 있다.
그러나 그것들은 신명과 화합의 조화로운 공동체 문화의 구심이며, 내재한 의미와
가치를 전승하고 되살려야 할 민족정신의 원형을 담은 상징적 유산들이다.

전북 순창군 팔덕면 구룡리, 당산목과 돌탑 서낭당. 1998. 9..
위대한 선왕들의 무덤이며 제사터인 거대한 적석총이 신성한 숭배 대상이었던 것처럼
마을을 처음 일으킨 조상도 작은 돌탑으로 조성되어 매년 동제가 올려진다.
돌탑 위에 놓인 남근석은 강함과 번성의 상징으로 그 옆의 당산목과 짝을 이뤄
하늘과 땅, 즉 남녀의 결합을 상징한다. 풍요다산(豊饒多産)을 기원하는
마을 주민들의 마음을 읽을 수 있다.

경북 김천시 동소면 연명리, 돌탑. 1999. 4.

강원 속초시 설악동, 돌탑. 1999. 10.

제주 제주시 이호동 골왓마을, 방사탑. 1999. 11.

돌탑 서낭당처럼 돌로 쌓았으나
솟대의 신간처럼 기둥 형태로 세웠다.
울력이란 여러 사람들이 힘을 합해
일을 하는 것을 말한다.
울력 솟대에는 서낭당의 조상숭배 정신,
천손족의 신간신앙(神竿信仰),
두레 공동체의 협동정신이
배어 있다.

경남 하동군 청암면 묵계리 삼성궁, 울력 솟대. 1995. 12

제주 북제주군 한경면 용수리, 매자재기 돌탑. 1999. 11.

충남 서산군 운산면 용현리, 당산 미륵. 1999. 5.
돌무더기 서낭당 위에 조상 대신에 우리 정신문화의 일부가 된 미륵불이 서 있다.
우리 문화 원형의 정체성과 역사성이 불교를 수용하여 토착화한 저력을 느끼게 한다.

신화가 역사되고 역사가 신화되다

원나라를 물리치고 옛 강역을 회복하려 했으나 신하에게 억울한 죽음을 당한
공민왕의 내외 양위를 나무로 깎아 서낭당에 모셨다. 당의 이름을 '국신당(國神堂)' 또는
'나라당' 이라 한다. 고구려의 동맹굿도 나무로 수신(襚神)을 깎아 만들었다고 한다.
김유신, 최영, 남이, 단종, 사도세자, 임경업 등 역사 인물에 민중의 원혼이 투사되어
인격신으로 모셔진 예는 여러 곳에서 찾아볼 수 있다. 역사 속 인물이 신화적으로
변모한 예에서 우리는 역으로 태고의 신화 또한 우리 실제 역사의
일부일 수 있다고 생각해 볼 수 있다.

경북 안동시 수동 국신당, 공민왕 양위 목상. 1999. 4.

서울 노원구 수락산 범바위, 산신령, 1997. 7.

강원 영월군 영월읍 영흥리 태백산 보덕사, 단종 산신. 1999. 4.
세조에게 억울한 죽음을 당한 단종이 태백산 산신이 된 모습으로 모셔져 있다.

경북 영주시 순흥면 소백산, 여산신령. 1999. 4.

산신령에 대한 우리의 믿음은
조상숭배와 맥을 같이한다.
여러 설화에서 우리의 조상들은
죽어 하늘로 가는 것이 아니라
우리 곁의 산으로 들어가
산신령이 되곤 했다.

강원 평창군 미탄면 방아다리, 산신당. 1997. 10.

경북 울진군 기성면 척산리, 골매기당. 1997. 8.

고을邑막이防라는 뜻의 마을지킴이

골매기란 고을(邑) 막이(防),
즉 마을지킴이를 뜻한다. 신목, 돌무더기,
당집 등이 독립적으로 존재하거나 신목과
당집, 신목과 돌무더기 등으로 병존하기도
한다. 여신이나 남신으로 의인화하기도
하는데, 최초로 마을을 세운 조상을
골매기 할배, 골매기 할매라 한다.
하회마을 국사당의 골매기 김씨 할머니는
마을의 시조신이자 동네 삼신의
며느리신이며, 안동 하회 별신굿의
유래가 된 서낭제의 서낭신이다. 지금도
마을 동제가 국사당 앞에서 시작한다.

경북 안동시 풍천면 하회리 하회마을 국사당, 골매기. 1999. 4.

경북 문경시 문경읍 가은, 서낭당. 1999. 10.

경북 영주시 풍기읍 금계 2리, 서낭당. 1999. 4.

강원 원주시 신림면 성남리, 성황림. 1998. 4.
한 나라의 건국에는 그 경위를 말해 주는 성스러운 신화가 따르는 것처럼, 한 고을의 탄생도
그 경위를 담은 이야기가 구전되기 마련이다. 이 성황림도 고을 탄생의 경위를 말해 주는 듯 신비한 모습이다.

전남 해남군 계곡면 성진리, 말삼정. 1996. 3.

경기 화성군 남양면 신의리, 터주가리 서낭당. 1999. 2.
선사시대로부터 이어져 온 마을 조상을 숭배하는 풍속이 선왕을 숭배하는 정신으로 발전했고,
돌탑이나 돌무지 무덤, 그리고 목상, 화상, 신위 등이 모셔진 다양한 서낭당 형태로
다시 전이, 습합(習合), 계승되었으며, 이러한 전통의 핵심은 조상을 숭배하는 의식이다.
남양면의 이 마을은 교회에서도 동제를 돕는 아름다운 모습을 지니고 있다.

조상들의 삶의 내력을 보듬고 있는 본향당

제주 제주시 노형동, 본향당. 1997. 9.

제주도의 본향당(本鄕堂)은 마을의 토지, 주민의 생사 등 일체를 관장하고 마을을 지켜 주는 생산 수호신을
모신 당이다. 각 마을마다 하나씩 있으며 마을 주민을 통합하고 지역사회를 이끌어 가는 기능을 한다. 본향당 굿의
당신(堂神) 본풀이는 당신, 일반신, 조상신 등 모든 신들의 근본을 풀이하여 조상들이 살아온 삶의 내력을 밝히는
의례이다. 한국 무속의 자연신, 시조신, 장군신, 영웅신은 모두가 우리의 삶과 역사를 만들어 온 넓은 의미의
조상신이다. 조상신에 대한 이러한 동제는 자아와 고을 그리고 민족의 정체성과 근본에 대한 강한 주체적 자각을
표현하는 마당이 된다. 식민 시절 일본은 우리의 마을굿은 미신으로 타파하면서도 그들의 마츠리(村祭)는 더욱
발전시켰으며, 모든 세대가 강한 주체의식을 가지고 참여하는 단합된 민족축제로 고취시킴으로써 세계적
군사, 경제 대국으로 비상하는 원동력으로 삼고 있다. 조상들의 뜻깊은 전통을 계승, 발전시키지 못하는
우리의 모습에 경종을 울리는 예가 아닐 수 없다.

제주 북제주군 애월읍 상귀리, 본향당. 1999. 11.

제주 북제주군 조천읍 와흘리, 와흘당 물색. 1999. 11.

이제는 강력한 여신들은 사라지고
삼척 해신당(海神堂)과 고성 죽왕마을의 해신당
정도에서만 매년 남근을 깎아 바치는 제를
지내고 있다. 남근을 바치는 의례는 풍요와
평안을 기원하는 것임과 동시에, 남성 권위의
사회에서 여성들에게 맺힌 한을 풀어내고자
하는 사회적 의식의 표현이다. 자연이 일으키는
혼란을 여성의 해원(解冤)이라고 보고
남근을 바쳐 한을 대리해소케 하는 방법을
취한 것이다. 남편이 옆에 모셔진 각시서낭은
이미 혼인을 한 것으로 더 이상 남근을
바치지 않는다.

강원 삼척시 원덕읍 갈남 2리, 해신당. 1998. 11.
동해를 향한 절벽 위, 해송숲 속에 있는 해신당의 여신이다.

충남 서천군 서면 도둔리, 각시당. 1998. 6.
여신숭배의 하나인 각시당의 각시와 그녀의 남편. 지역 어민들이 조업의 안전과 풍어를 기원하는 제를 올린다.

전남 고흥군 영남면 금사리, 서낭당. 1998. 10.

서울 영등포구, 부군당. 1999. 7.
서울, 경기 지역에 많았던 부군당(府君堂)은 원래 부근당(付根堂)으로 여신에게 남근을 바쳤던 곳이다.

전북 정읍시 칠보면 백암리, 당산목·남근석. 1995. 9.

천지조화를 표출한 천 년의 설치미술

여근을 점점 닮아 가는 당산목 앞에
마을 사람들이 남근석을 만들어 세웠다.
천지가 화합하여 마을이 평안하기를
바라는 마음의 표현이다. 마을 사람들이
내왕하는 길목에 그들 스스로가
세운 살아 있는 설치미술이며
진정한 행위예술이다.

경기 안양시 만안구 삼성산 삼막사, 여근석. 1998. 4.

충남 천안시 봉서산, 남근석. 1998. 6.

경남 남해군 남면 홍현리, 남근석. 1997. 12.

서울 서대문구 안산, 까진 바위. 1998. 12.

전남 강진군 도암면 만덕리 윤씨 묘, 망주석, 1995. 9.

전북 순창군 팔덕면 구룡리, 당산목·돌탑 남근석, 1995. 9.

예사롭지 않은 기암의 중앙 정상에는
한눈에 보아도 틀림없는 천녀의 여근이
정좌하고 있고 천녀를 향해서 남근이 직립해
서 있는 모습이다. 남녀의 결합이라는
원초적 신성을 강렬하게 현현하고 있다.
알(性穴)이 여근으로 흘러 들어가게 한 암각과
바위에 북두칠성을 새긴 모습에서
기자신앙의 흔적을 볼 수 있다.

서울 은평구 불광산, 천녀 바위, 1999. 4.

서울 종로구 인왕산, 바위. 1999. 4.

서울 종로구 인왕산, 선바위. 1999. 4.

충남 예산군 덕산면 사천리 수덕사 뒤, 기자 바위. 1999. 4.

경북 안동시 서후면 이송천 양지마을, 삼신바가지. 1999. 2.

"성聖 공간을 상실한 불행한 현대"

과거 우리 민족의 집집마다 모두 모시던
가신들이다. 단지 등에 곡물 종자를 모시는
가신신앙은 곡령신과 조상신의 혼합 형태이다.
씨는 풍작의 곡물씨와 가계를 잇는 씨를
중의적으로 상징한다. 삼신바가지, 조상단지,
당세기는 김알지, 김수로왕이 나온 궤에서
알 수 있듯이 조령(祖靈)의 신체를 상징한다.
단군의 아들 부루의 치적을 제사지내던
부루단지도 있었다고 하나 구전만 될 뿐 거의
찾아볼 수 없다. 가옥 수호신인 성주신은 민족의
천신이며, 택지신인 터줏대감은 지신이며,
조령신인 조상단지는 인신이다. 이처럼
민족정신의 원형인 천지인 삼신이 각 가정마다
축소된 모습으로 모셔져 고스란히 이어져 왔지만
근대화의 짧은 기간 동안, 특히 새마을 사업 이후
급속히 소실되고 말았다. 엘리아데(M. Eliade)는
"성스러운 공간을 잃어버린 현대 산업사회의
인간들은 불행한 존재일 수밖에 없다. 현대의
집이란 거주하는 기계에 불과하며 현대인의
주거지가 우주론적 가치를 상실한 것과
마찬가지로 그의 신체도 종교적 혹은 정신적
의미를 잃어버렸다"고 현대인의 비극을
지적한 바 있다.

경기 용인시 기흥읍 한국 민속촌, 금줄. 1998. 5.

경기 화성군 정남면 관항리, 터줏대감. 1999. 2.

경기 화성군 정남면 관항리, 성주신. 1999. 2.

전북 부안군 위도면 진리, 조왕. 1998. 7.

경기 화성군 정남면 관항리, 업주가리. 1999. 2.

물의 생명성이 잊혀지고 있다

물은 모든 존재의 시원이자
모태이다. 물은 창조의 원천,
생명력, 정화력, 치병력, 재생력
등을 상징한다. 우리 신화 속에도
동명왕의 어머니 유화부인은
수신(水神) 하백의 딸로, 박혁거세의
부인 알영은 알영정 물의 신으로
등장한다. 즉 수신은 하늘신의
짝으로 풍요와 생명력을 상징하는
존재인 것이다. 물의 신성성이
망각되어 가는 지금, 우리의 강은
오염으로 몸살을 앓고 있다.

경북 포항시 남구 오천읍 항사리 오어사 입구, 물신앙. 1997. 9.

강과 바다, 대지의 지배자인 어머니

신화 속에서 어머니는 모든 생명의 기원이자 영원한 재생을 의미하며, 강과 바다,
대지의 지배자인 지모신(地母神)이다. 이 신모(神母)도 그와 같은 지모신이라 할 수 있다.
『제왕운기』에는 고려 태조 왕건의 어머니라 기록되어 있으며, 『삼국유사』에는 박혁거세의 어머니
선도성모라 되어 있다. 민간의 전설에 의하면 이 신모는 천신의 딸 마고로서 지리산에 하강하여
여덟 딸을 낳아, 무당으로 길러 팔도에 보냈다고 한다. 천왕 할머니, 마고부인으로 불리는
지리산의 산신으로 영력(靈力)이 커 숭배하는 자가 많았다고 한다.

경남 산청군 지리산, 지리산 신모, 1997. 8.

단군신화의 곰은 쑥과 마늘로 '동굴'에서
일광을 보지 않고 기(忌)하기 삼칠일 만에 웅녀가
되었다. 이처럼 우리 건국신화 속의 동굴은
세계 중심의 성역, 대지 모신의 자궁, 감추어진
지식에 의해 새로운 능력을 부여받는 곳,
죽음으로부터 소생하여 새 삶을 얻는 곳,
위대한 인물의 탄생이나 건국을 위한 거듭나기의
장소라는 상징성을 가진다. 고구려는 왕이 직접
국가적 제사를 수혈(竪穴) 동굴에서 지냈으며,
신라는 석굴암이란 인조 동굴에 민족의 이상과
이념의 정수를 담아내었다. 민족정신의 모태이자
거듭나기의 성소로, 동굴은 우리 민족이 새롭게
거듭나야 함을 일깨워 준다.

제주 북제주군 구좌읍 김녕리, 굴당 동굴 안. 1999. 11.

제주 북제주군 구좌읍 김녕리, 굴당. 1999. 11.

칠성님, 우리가 부르는 하느님의 다른 이름

선조들은 일찍이 서양의 별자리와 다른 우리의 별자리를 사용했으나
잊혀져 오다가 최근에야 천체 학자들이 이를 다시 복원했다.
동방청룡칠수(東方靑龍七宿), 서방백호칠수(西方白虎七宿),
남방주작칠수(南方朱雀七宿), 북방현무칠수(北方玄武七宿)의
이십팔 수(宿)와 중심의 북극성은 우리나라를 중심으로 하여 움직이는
우주를 나타냈으며, 나라의 상징이자 주성(主星)은 북두칠성이었다.
북두칠성을 남신인 양두성(陽斗星)과 여신인 음두성(陰斗星) 양면의
결합으로 보고, 이것을 천체를 움직이는 수레바퀴로 그린 고구려시대의
벽화가 있다. 우리 민족은, 북두칠성의 양면 중 하나인 양두성 구천상제는
우주의 섭리를 주관하고 음두성 옥황상제는 인간의 생사화복을 주관한다고
믿었다. 자녀도 칠성님이 점지한다고 믿고 정화수를 떠 놓고 빌었으며,
살아서의 수명과 출세와 운명도 칠성님이 주관하며, 죽어서는 관 속의
칠성판 위에 누워 칠성님께 돌아간다고 믿었다. 이처럼 북두칠성은
우리가 세계의 중심이라는 주체적 민족정신의 구심이었으며,
우리가 늘 부르는 하느님의 다른 이름으로 민중의 삶 속에도
함께 살아 있었다.

서울 종로구 북악산 구복암, 북두칠성. 1997. 12.

충북 옥천군 옥천읍 삼청리 용암사, 칠성 입석. 1999. 2.
일제가 파괴하여 흔적만 남은 용바위와 칠성 입석 일곱 개 그리고 산신 입석이 있다.
불교가 전파되기 이전 토속 신앙처의 흔적과 불교 문화와 습합된 이후의 모습을 볼 수 있는 곳이다.
용암사는 신라말 금강산으로 가던 마의태자가 머물렀다고 한다. 그것을 기념하여 새긴 마애불이 있다.

전남 화순군 도암면 대초리 천불산 운주사, 칠성 바위. 1997. 12.

태고의 미술-암각화

세계적 문화 유적이며 우리 미술의 시원이기도 한 반구대 암각화이다.
온갖 종류의 고래와 고래를 잡는 방법과 도구, 여러 역할의 사람들과
제사 의례 등이 강가의 암벽을 채우고 있다. 성기를 세우고 제일 높이 서 있는
한 사람은 강력한 지도자의 모습이다. 그를 따르는 세 마리의 거북은
수신과의 매개자이며, 그 뒤의 수많은 고래들은 계속 많은 고래가 잡히기를
기원하는 마음을 표현한 것이다. 이렇게 선사시대 선조들의 세계관에도
삼수의 신성과 그 분화의 기원이 이미 나타나 있다. 지금 우리 민속의
구석구석에까지 배어 있는 삼일 문화가 민족정신의 원형으로
얼마나 오랜 기간 누적되어 왔는지 알 수 있다.

울산 울주군 언양읍 대곡리, 암각화. 1999. 1.

울산 울주군 언양읍 대곡리, 암각화, 1999. 1.

울산 울주군 두동면 천전리, 암각화, 1997. 8.

경북 포항시 북구 흥해읍 칠포리, 암각화. 1999. 1.

경북 포항시 북구 흥해읍 칠포리, 검파형(劍把形) 암각화. 1999. 1.

이곳 영일만(迎日灣)은 우리나라 동쪽 끝이다. 제일 먼저 해를 맞이하는 곳으로 옛부터 신성한 지역이었음을
지명이 말해 주고 있다. 청동거울이라고도 하는 알을 품고 있는 검파형(劍把形) 암각과 여성 성기, 알터가 함께 어우러져 암각되어 있다.
고구려 주몽 신화에서 빛이 유화부인을 따라가 수태하게 한 것처럼, 이 땅을 가장 먼저 비추는 영엄한 햇빛이 검파형 암각의
알을 비추고 이것이 반사되어 여성 성기와 알터에 전해지도록 한 것으로 보인다. 종족이 번성하고 풍요가 이루어지기를 기원한 것으로,
이곳이 신성한 제의의 현장이었음을 알 수 있다. 이러한 제의에는 신의 소리, 신의 강림을 의미하는 북과 함께 검, 검자루,
검자루 받침의 결합으로 남(天), 여(地), 씨알(人)의 결합을 상징하는 비파형 청동검이 무구(巫具)로 사용되었을 것으로 짐작된다.

대륙을 달리던 기마민족이 …

천마는 신의 전령이다. 박혁거세의 탄생신화에서 볼 수 있듯이 천마는 민족의 위대한
왕이나 영웅의 탄생과 함께 등장한다. 경주 천마총의 천마도는 이와 같은 말에 대한
숭배 정신을 담고 있다. 지금도 강원 삼척, 태백의 깊은 골짜기 마을 서낭당에서는,
악귀를 막고 소원을 들어 주는 천지신의 전령으로 쇠말을 모시고 있다.
통영 장군당에도 용마라 부르는 말을 모신다. 이와 같은 말에 대한 특별한 숭배는
우리 민족이 대륙을 지배하던 기상을 지닌 진취적인 기마민족이었음을 상기시킨다.
기마 문화와 함께 그 진취적 정신까지 잃으면서 우리의 강역은 대륙에서 반도로,
결국은 남북이 분단된 반반도로 좁아져 왔다.

경기 양주군 회천읍 회암리 회암사지 부도, 천마. 1999. 10.

경남 통영시 산양읍 장군봉 장군당, 목마, 1997. 9.

강원도 삼척시 노곡면 상군천리, 철마. 1998. 11.

서울 서초구 내곡동 헌인릉, 석마. 1995. 5.

강인한 민족혼의 표정 — 도깨비

지금의 도깨비는 우스꽝스러운 모습으로 이야기 속에 많이 등장하지만
여기 사천왕 중 용을 손에 쥔 증장천왕(增長天王) 갑옷 복대의 도깨비는 무섭고도 강인한
모습이다. 이것은 불교 최고의 불법 수호자인 사천왕도 도깨비의 힘과 벽사의 능력에
도움을 받으려 한 것이다. 이처럼 도깨비가 절대적 힘을 지닌 능력자로 불교문화 속에도
확고히 인식된 것은 건국신화의 풍백(風伯), 운사(雲師), 우사(雨師), 환웅시대의 전쟁신인
동두철액(銅頭鐵額)의 치우(蚩尤) 등 강인한 도깨비가 민족의 정신문화 속에
뚜렷이 살아왔음을 보여주는 것이다.

경북 경주시 진현동 불국사, 사천왕상의 도깨비. 1999. 1.

제주 제주시 용담동 용화사, 도깨비. 1997. 9.

조자룡 작, 풍백 · 운사 · 우사 · 뇌공(雷公). 1999. 2.

경북 경주시 진현동 불국사, 도깨비. 1999. 1.

경기 구리시 동구동 동구릉, 원릉 상석의 석고, 도깨비. 1998. 12.

경기 구리시 동구동 동구릉, 현릉 무인석, 도깨비. 1998. 12.
왕릉을 지키는 무인석의 칼자루와 갑옷 복대에도 강인한 도깨비가 새겨져 있다.

충북 영동군 양산면 누교리 망탑봉, 윷판. 1999. 5.

윷판은 천부의 이치를 이야기한다

높은 산봉우리가 병풍처럼 둘러선 가운데 신성한 봉우리의 바위에 윷판이 새겨져 있다. 제의에 쓰인 것으로 추정되는 이 윷판은 가운데 북극성을 중심으로 사방에 이십팔 수의 별자리를 그린 천체로서 천신의 표상이라 할 수 있다. 둥근 바깥은 하늘이며 안의 모진 것은 땅으로 하늘이 땅을 둘러싼 모습이다. 북극성을 중심으로 한 네 방향은 동서남북 사방과 춘하추동 사계절을 상징하며, 북극성과 네 끝 자리를 합하여 오행을 상징하는 것으로 보기도 한다. 이 다섯 자리를 제외한 나머지 스물네 자리는 이십사 절후를 의미한다고 한다. 이처럼 윷판에도 자연과 우주의 이치가 담겨 있다. 그러므로 윷놀이는 자연과 인간의 어우러짐으로 우주만물이 변화한다는 천부의 이치를 익히고 즐기는 가운데, 이 땅이 천제를 드리는 세계의 중심이라는 주체적 민족정신을 함양하는 것이라 할 수 있다.

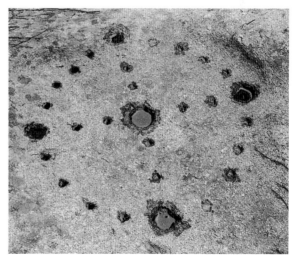

전북 익산시 금마면 신용리, 거북 바위 윷판. 1999. 5.

돌로 그물을 만든 선조들의 지혜

독살(돌살)은 조수간만의 차가 큰 포구에
돌로 보를 막아서 고기를 잡는 어로방식으로
돌 그물을 뜻한다. 대나무, 싸리나무로 보를
막는 어살보다 훨씬 오래된 원조격으로,
선조들의 자연친화적인 삶의 지혜를 느낄 수
있다. 서해안 안면도와 제주도 등지에 다수
남아 있고, 제주도에서는 원 또는 개라고
부른다. 이삼십 년 전만 해도 몰려온 고기를
퍼 담아 지게로 져서 나를 정도로 고기가 많아
'독살은 논 다섯 마지기와도 바꾸지 않는다'고
했다. 지금은 겹겹이 쳐진 바다 그물에 연근해
어자원이 고갈되어 연안의 독살까지 올라올
고기가 없는 형편이 되었다. 해마다 한두 번
온 마을 주민이 독살을 보수하고 독살의
고기를 함께 나누는 광경도 사라진 지
오래이고, 세월이 갈수록 그 흔적마저도
파도에 무너지며 잊혀져 가고 있다.

충남 태안군 소원면 의항리, 독살. 1999. 5.

충남 태안군 소원면 의항리, 독살. 1999. 5.

제주 북제주군 구좌읍 하도리, 독살. 1999. 11.

마을 당산목과 함께 있는 들돌이다.

등돌, 당산돌, 든돌, 차돌백이라고도 한다.

두레 공동체의 노동이 심신단련과 친목의

힘겨루기 놀이로 이어져 온 것이다.

명절에는 술을 붓고 마을의 태평과 풍년,

무병을 기원하기도 한다.

전남 강진군 대구면 사당리, 들돌. 1998. 10.

전남 고흥군 풍양면 율치리, 들돌. 1998. 10.

전남 강진군 대구면 사당리, 들돌. 1998. 10.

전북 정읍시 산외면 목욕리, 솟대. 1995. 12.

이 하늘 기둥으로 신성한 힘이 내리다

솟대는 새를 앉힌 장대나 돌기둥이다.
새는 태양, 천계로의 상승, 신의(神意)의
전달을 상징한다. 우리 민족은
여러 시조의 난생설화나 천지인
삼재(三才)를 상징하는 삼족오(三足烏)
등을 통해 새에 대한 각별한 마음을
표현해 왔다. 장대는 생명의 나무인
우주목, 즉 신단수를 대신한 신간이다.
이 두 상징이 결합된 솟대는 신성한
힘이 강림하는 하늘과 땅의
매개체이다. 우리 민족정신의 기원이
하늘에 있음을 보여주는 민족 정통성의
상징이라 할 수 있다. 우리 민족은
이 솟대를 높이 세워 민족정신의
신성성과 정통성의 권위를 유지하고
민족 일체감을 조성해 왔으며, 안녕과
풍요 등의 소망을 기원해 왔다.

경남 거제시 일운면 망치리, 솟대. 1995. 12.
거제도 해안가에 서 있는 솟대이다. 떠오르는 태양과 함께 신성한 아름다움을 느끼게 한다.

강원 강릉시 강문동, 솟대. 1997. 10.
하나의 신간에 세 마리의 새가 앉은 모습이다. 동해안 쪽에서 많이 나타나는
형태로 조형미가 빼어나다. 이 솟대는 '진또배기'라 불리는데 '하늘 기둥' 또는
'나라 기둥'을 뜻한다고 한다. 마을로 오는 재앙을 막는 수살간(守煞竿)으로
풍어와 안전을 기원하는 진또배기굿이 삼 년마다 한 번씩 베풀어진다.

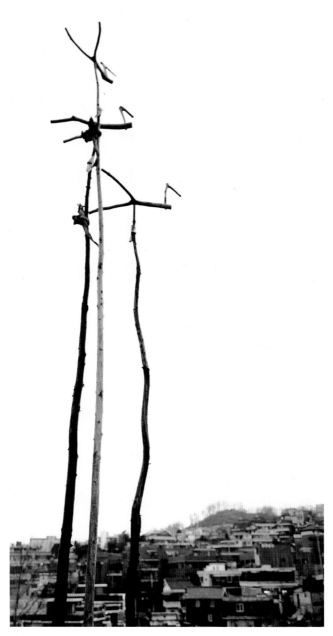

서울 동작구 흑석동 한강변 효사정, 솟대. 1996. 4.
한강과 한강대교가 내려다보이는 언덕 위에 세워져 있던 솟대이다.
1999년까지 동제가 올려지고 유지되었으나 2000년부터 보이지 않고 있다.

충남 청양군 정산면 용두리, 솟대. 1998. 6.

부안의 돌솟대 받침돌에는 알터가 여러 개
파여 있다. 솟대에 소망을 기원한 것으로
솟대와 함께 오랜 역사성을 지닌 알터 신앙의
모습을 보여준다. 금강산 남쪽 자락의 고찰
건봉사 입구에는 당간지주가 있을 만한 자리에
솟대가 세워져 있다. 사찰 앞 당간지주의
유래와 기원이 무엇인지를 짐작케 한다.
춘산리 당산숲 속의 솟대는 당산목과 함께
서 있다. 두 가지 모두 신단수로부터
이어져 온 의미를 계승한 것이다.

전북 부안군 서문안, 돌솟대. 1998. 7.

강원 고성군 간성읍 건봉사, 돌솟대. 1995. 8.

경북 군위군 부계면 춘산리, 돌솟대. 1997. 5.

경북 군위군 부계면 대율리, 돌솟대. 1997. 5.

기울어진 시대정신을 바로 세우라

당간 머리에 관을 쓴 신격화한 모습이다. 사찰 앞을 떠나 읍내 마을 가운데로 내려와 세워져 있다. 나주와 담양은 운주(運舟)의 형국이라는 풍수설로 인해 당간지주를 돛대로 세웠다고 전해진다. 그러나 그것을 단지 풍수설의 돛대로만 생각하는 것은 지나치게 협소한 이해이다. 큰 마을과 나라를 민족이 타고 있는 배라고 한다면 돛대인 당간지주는 단순한 비보(裨補)뿐만 아니라 기울어진 시대정신을 바로 세우고 민족의 운명을 바르게 이끌 위대한 이념과 정신의 지표로 세워진 것이라 할 수 있다.

전남 담양군 담양읍 객사리, 철당간지주. 1995. 9.

전남 나주시 북문동 동문 외, 석당간지주. 1997. 12.

전라도 지방에서는 솟대의 별칭인 짐대가
당간을 뜻하기도 하며 주민들의 당간에 대한
신앙이 솟대에 대한 신앙과 거의 같다고 한다.
당간지주의 기원이 솟대라는 것을 짐작케 하는
중요한 예이다. 고창의 작은 마을에서는
당간지주가 '조상님' 같은 모습으로 변하여
당산이라 불리고 있다. 조상들의 정신을
세워 숭배하는 우리 민속의 질긴
전통을 읽을 수 있다.

전북 고창군 고창읍 읍내리, 오거리 당산. 1995. 9.

전북 고창군 고창읍 읍내리, 오거리 당산. 1998. 7.

당간지주(幢竿支柱)는 단군신화의 신시 신단수에서
비롯하여 삼한의 소도 솟대로 발전하고, 통일신라시대에 독창적
조형으로 완성되어 조선시대까지 이어져 온 것으로 보인다.
당간지주가 솟대로부터 비롯했다는 것은 전북 고창의 짐대와
당산 등을 보면 느낄 수 있으며, 솟대가 신단수로부터
비롯했음은 솟대의 신앙 형태와 제의에서 유추해 볼 수 있다.
그 밖에 나주와 담양의 당간지주, 여러 돌솟대의 조형에서도
당간지주의 기원과 변천의 역사를 유추해 볼 수 있다.
당간지주의 양쪽 두 기둥은 음과 양의 합일을 통한 의식의 진화,
신성합일(神聖合一), 다른 세계로 통하는 입구를 상징하며,
가운데 기둥, 즉 당간(幢竿)은 신단수나 솟대와 마찬가지로
세계의 중심에 세우는 신성한 우주축이다. 세 기둥이 모여
하나의 기둥을 이루는 삼일의 조형은 민족 고유의 천지인
일체를 상징하는 것으로, 하나의 기둥으로 이루어진 이집트의
오벨리스크가 고대 파라오의 영생에 대한 열망을 담은 것이라면,
세 기둥으로 된 당간지주는 천지인 사상인 홍익인간(弘益人間),
재세이화(在世理化), 성통광명(性通光明)의 정신을 표현한
것이다. 여기 분황사 당간지주는 그와 같은 한민족 정신과
역사성을 불교 사찰 제일 앞에 내세운 것으로, 삼국을 통일한
신라가 삼국민의 화합과 일치를 도모하기 위해 세운 것으로
여겨진다. 경주 불국사, 황룡사지, 익산 미륵사지, 양주
회암사지 등 최고 거찰에는 당간지주가 두 쌍씩 남아 있으며
전국적으로 백여 개의 당간지주가 남아 있다. 가운데 기둥은
처음에는 나무였으나 점차 돌기둥과 쇠기둥으로 바뀌었다.
현대의 분절된 실증 학문은 사찰의 기(旗)인 당(幢)을 다는
기능성만 볼 뿐 그 안에 내재한 우리 민족 고유의 원형정신은
망각하고 있다. 실증적 시각으로 대상을 분석하는 것이 아니라
총체적 감성으로 대상에 접근해야만 상징적으로 표현된 원형의
정신을 느낄 수 있는 것이다. 이제 흐트러진 정체성을 바르게
정립하고 민족 통일의 미래를 설계할 한민족의 대표적인 조형적
상징으로 당간지주를 새롭게 세우고 인식해야 할 때이다.

당간幢竿, 그 빈 자리에 드높은 하늘 기둥이 …

경북 경주시 구황동 분황사, 당간지주. 1993. 1.

강원 강릉시 구정면 학산리 굴산사지, 당간지주. 1999. 10.
높이 5.4미터의 거대한 지주이다. 가운데 당간이 얼마나 높았을지 능히 짐작할 수 있다.
단순히 기를 달기 위한 것이라면 이렇게 크게 만들 필요가 없었을 것이다.
민족의 큰 뜻과 기상을 담은 것임을 알 수 있다.

충남 공주시 계룡면 중장리 계룡산 갑사, 철당간지주. 1997. 11.

충남 공주시 계룡면 중장리 계룡산 갑사, 철당간지주. 1997. 11.

전북 익산시 금마면 기양리 미륵사지, 서쪽 당간지주, 1997. 5.

전북 익산시 금마면 기양리 미륵사지, 동쪽 당간지주. 1997. 5.

당간지주 가운데의 당간으로 당산목이
심어져 있다. 실증적 학문이 당간지주의 역사와
정신을 방치하고 망각할 때 우리 민중들은
당간을 대신할 당산목을 심어 함께 숭배해 왔다.
오랜 역사가 형성한 민족 잠재의식과도 같은
원형 회귀성을 느낄 수 있다. 일본은 국제 행사인
나가노 동계 올림픽에서 입간(立竿)을 통해
그들의 전통과 민족의식을 보여주었다.
당간지주의 위대한 정신은 당산목으로
되돌아가 있다. 문화 원형에 대한 우리의
무관심이 얼마나 심각한지 알 수 있다.

경북 성주군 수륜면 백운리 법수사지, 당간지주 · 당산목. 1997. 12.

경기 안성시 국사봉 국사암, 삼신상. 1995. 7.

우리 민족을 일컫는 또다른 말 '삼신자손三神子孫'

포태신인 삼신은 아기를 점지해 주며
유아와 산모를 지켜 준다. 조상들은 삼신을
안방에 모셨다. 이 석상은 암자의 부처라고도
하나 흔히들 삼신이라고 부른다.
용뿔을 들고 있는 골신은 뼈를 주는 신이며,
돌칼을 들고 있는 육신은 살을 주는 신이며,
술병을 들고 있는 혈신은 피를 주는 신이라
한다. 『삼국유사』에서는 환인, 환웅,
단군을 삼신이라 하여 '삼신자손' 이라는
말이 우리 민족을 일컫는 말이 되었다.

경남 김해시 구산동 구지봉, 천강 육란 석조상. 1999. 1.
김해 김씨 시조의 발상지(發祥地)이다. 가야 땅을 다스리던 아홉 고을의 추장이 구지봉에 제사를 드리는데
여섯 개의 알이 담긴 금합이 붉은 천에 매달려 내려 왔다. 이튿날 여섯 개가 차례로 깨어나
아이가 하나씩 나왔는데 열흘 만에 어른이 되었다. 맨 처음 나온 이가 가락국 시조가 된 김수로왕이다.
이와 같은 신화는 최초에 일어난 성스러운 역사의 이야기이며, 원초의 사건과 인물을 후계의
모범적 선례로 삼고자 하는 민족 감성이 공감되어 이어져 온 민족 역사의식의 표현이다.

경북 경주시 교동, 계림. 1999. 1.
경주 김씨 시조의 발상지이다. 탈해왕 9년 금성 서쪽 시림(始林)에 흰 닭이 울고
금빛 궤짝에서 아이가 나왔다. 금빛 궤짝에서 나왔으므로 성을 김(金)이라 하였고 이름을 알지라 하였다.
또 처음 발견된 시림을 고쳐 계림(鷄林)이라 하고 국호로 삼았다.

제주 제주시 이도 1동 삼성사, 삼성혈. 1997. 9.
삼성혈(三姓穴)은 고을나, 부을나, 양을나 세 신인이 솟아난 곳으로,
제주 원주민인 고(高) · 양(良, 지금은 梁) · 부(夫) 씨 시조의 발상지이다.

환웅이 강림한 곳이 산이고, 단군 또한 만년에
입산하여 산신이 되었다. 또한 많은 설화에서
우리 조상들은 죽어서 하늘에 오르지 않고 산에
머물러 산신령이 되었다. 이처럼 우리 민족에게
산은 신의 세계인 하늘과 인간세계인 고을을
이어 주는 신성한 중간축으로 숭배되었다.
한국인의 생활터인 고을의 어원이
산의 골(골짜기)인 것처럼 배산임수의 지형을
고을터의 이상으로 하는 우리 민족의 심성에는
항상 산이 크게 자리잡고 있다. 국가에서는
백두산, 묘향산, 금강산, 지리산 그리고 중앙의
삼각산을 오악(五嶽)으로 삼고 해마다
봄과 가을에 국가에서 관장하는 제를 지냈다.
묘향산에는 상악단, 지리산에는 하악단이
있었다고 하며, 여기 계룡산 중악단에서도
봄, 가을로 산신제를 지냈다. 우리나라
사찰에서만 볼 수 있는 산신각, 칠성각,
삼성각은 이러한 산악숭배의 민속신앙이
불교에 수용되었음을 보여주는 예이다.

충남 공주시 계룡면 양화리 계룡산, 중악단. 1997. 11.

강원 속초시 설악동 설악산 신흥사, 삼성각. 1999. 10.

대한제국의 선포와 함께 고종황제가 천자가
되었으므로 완전한 제천의식을 행하기 위해 원구단이
건립되었다. 그러나 일제의 민족정신 말살정책에 의해
원구단이 헐리고 그 자리에 조선호텔이 세워져 지금은
팔각정과 세 개의 돌북만이 호텔 뒷마당에 남아 있다.
신의 강림이나 신의를 전달하는 상징적 신구(神具)인
북을 돌로 제작하여 불멸과 영원의 염원을 담았다.
부여의 영고는 신맞이 굿으로 북을 울려서 신을
맞이했다고 한다. 세 개의 돌북은 천지인 삼신인
환인, 환웅, 단군에게 울리는 북으로 우리 민족만의
고유한 역사와 정신에서 비롯한 민족 주체성의
절대적 상징이다.

서울 중구 소공동, 원구단 돌북. 1997. 12.

활을 쏘던 선구자 — 동이東夷

우리 활의 역사는 고조선 단궁(檀弓)에서 비롯되었다. 중국에서는
우리 민족을 동이(東夷)라 불렀는데, '이(夷)'는 대(大)와 궁(弓)이
결합한 글자로 큰 활을 잘 쏘므로 그렇게 불렀다고 한다.
삼국시대의 각궁은 일천보를 날아갔다고 하며, 우리의 활은 사정거리,
명중률, 정교함과 미려함에서 다른 어느 나라 활보다 뛰어났다.
이처럼 우리 민족은 옛부터 사풍(射風)이 널리 보급되어 있던
선사(善射)의 민족이다. 황학정은 경희궁에 있던 황제 전용 활터로,
일제가 민족정신을 말살하려 경희궁을 헐어낼 때 뜻있는
궁사들이 모금하여 인왕산 기슭에 옮겨 놓은 것이다. 현재 전국에
이백팔십여 활터가 있어 선사의 호국정신을 이어 오고 있다.

경기 수원시 화성, 활터. 2000. 1.

서울 종로구 사직동, 황학정. 1997. 12.

천지인의 표상 — 삼태극三太極

홍살문은 능, 원, 묘, 궁, 향교 등의 정면에 경의를 표하라는 뜻으로
세운 문이다. 중앙에 삼태극과 삼지창이 있다. 삼태극은 천지인
삼신일체 사상의 상징적 도상이다. 삼지창은 태양의 상징으로
삼족오에서 변형, 발전한 것이라 한다. 삼족오란 고구려 벽화에
보이는 상상의 동물로 다리가 셋 달린 모습으로 태양 속에 그려져 있다.
태양의 상징이자 천지인 삼재를 표현한 관념 상징물이다.
다양한 민족의 상징들이 천지인 삼재의 조화라는 일관된 상관성 속에서
변형, 발전되었음을 알 수 있다.

경기도 구리시 동구동 동구릉, 혜릉 홍살문. 1998. 12.

향교와 서원은 고려, 조선시대의 교육기관이다.
향교나 서원의 대문 대부분이
삼구일문(三口一門)인 삼대문이며 대부분
삼태극이 그려져 있다. 삼태극은 세 구성요소가
결합해 하나의 원을 만드는 도상으로 단군
건국으로부터 이어 온 천지인 일체의 상징이다.
삼대문 또한 마찬가지 의미를 내포하고 있다.
민족 상징인 삼태극과 삼대문을 향교나 서원
제일 앞에 세워 이곳을 지나고서야 유학을
할 수 있게 한 것에서 민족 주체성과 정통성을
확고하게 세운 선조들의 뜻을 읽을 수 있다.

인천 강화군 강화읍 관청리 향교, 삼문·삼태극. 2000. 8.

경북 안동시 도산면 토계리 도산서원, 삼문·삼태극. 1999.

경북 안동시 도산면 토계리 도산서원, 삼태극. 1999. 1.

강원 태백산, 천제단. 1998. 4.

보본報本의 뜻을 드높인 민족의 성적聖蹟

천제단은 국조 단군을 모시는 단으로
선덕여왕 때 태백산을 북악(北嶽)이라 칭하고
제단을 쌓았다고 한다. 천지신에게 제사를
지내는 것은 자주적 국가임을 상징하는 것으로,
강화도 마니산, 여기 태백산 등지에서
천제가 있었다는 것은 고대에 강력한
자주 독립국이었음을 의미하는 것이다.

인천 강화군 화도면 흥왕리 마니산, 참성단. 1998. 3.
단군성조가 제천을 행하여 보본(報本)의 뜻을 드높였다는 민족의 성적(聖蹟)이다.

강원 태백산, 장군단. 1998. 4.

경남 하동군 청암면 묵계리, 삼성궁. 1995. 12.
삼성궁은 옛 소도를 복원하는 취지에서 세운 것이라 한다. 국조삼성(國祖三聖)인 환인, 환웅, 단군을 모시고 있다.

전북 고창군 고창읍, 단군성전. 1998. 7.

인천 강화군 길상면 온수리, 삼랑성. 1998. 3.
단군이 세 아들을 보내 성을 쌓았다고 하여 삼랑성(三郞城)이라 전해 온다.

어느 시골의 촌부들은 자신들의
뿌리를 찾고 근본을 세우기 위해
시조의 시조, 즉 최초의 민족 시조인
단군 할아버지의 묘를 마을 뒷산에
모셨다. 잃어버린 정체성을 그들
스스로 되찾아 세운 것이다.

전남 담양군 고서면 주산리, 단군묘, 1998. 9.

환인이 아들 환웅의 뜻을 알고 삼위태백(三危太伯)을
내려다보니 가히 '홍익인간(弘益人間)'하기에 좋은지라,
아들에게 천부인(天符印) 세 개를 주어
가서 다스리게 하였다.

『삼국유사』에 나타난 바와 같이 홍익인간은 우리의
건국신화에서 비롯하여 오천 년을 이어 온 한민족 고유의
이념이다. 신의 세계와 인간세계를 연결하여 우주적
질서, 자연적 질서에 어긋나지 않게 널리 인간세상을
이롭게 한다는 의미이다. 단군 조선은 홍익인간을 구
체적으로 실현시키고 이를 널리 펼쳐 인류공영을
도모하고자 한 것이다. 협애한 민족주의의 표현이 아니라
인류의 공영이라는 의미로서 민주주의의 기본정신에도
잘 부합되는 이념이다. 민족정신의 정수이면서 불교의
자비, 유교의 인, 기독교의 박애정신과도 상통하는
전 인류의 이상이라 할 수 있다. 삼국시대 왕들의 금관에
삼수의 수지형(樹枝形) 입식(立飾)이 있는 것은
천지인이 조화로운 홍익인간의 정신이 민족 지도자의
지도 이념으로 면면히 이어져 왔음을 보여주는 것이다.

172

경남 남해군 금산 단군성전, 환인. 1997. 9.

우리는 신화를 흔히 원시적이고 비과학적인 가상의 이야기로
인식하고 있다. 특히 일제 식민사관이 우리 역사의 시작을 말살하려고
신화라는 용어를 사용한 것이 신화라는 용어에 부정적인 어감을 더하는
가장 큰 원인이 되었다. 일제 식민사관은 단군신화의 상징적 표현을
글자 그대로 해석, 곰이 사람이 되었다는 허위로 인식하게 했다.
그러나 단군신화의 곰은 동북아의 맹수인 호랑이와 곰을 믿는
토템신앙의 표현이며, 일광을 보지 않고 굴에서 기(忌)하여 삼칠일 만에
사람이 되었다는 것은 성스런 거듭남의 신화적 표현이다.
새로운 사람으로 거듭나 천신 환웅과 혼인하여 국조 단군을 잉태할
신모 자격을 얻었음을 의미하는 것이다. 박혁거세나 김수로왕, 김알지 등
성씨 시조의 신화들은 상징적 표현을 풍부하게 가지고 있으나
우리 후손들은 그 시조신화로부터 성씨와 족보를 물려받아 실존하고
있다. 이처럼 신화는 역사적 사실 그 자체는 아니더라도 그것에 내재된
상징성과 역사성을 중시해야 한다. 신화가 없는 역사는 시작이 없는
역사이며, 신화는 고대인들의 사상, 종교, 문학이 담긴
태초의 사건과 인물에 관한 역사의식이다.

경남 남해군 금산 단군성전, 환웅. 1997. 9.

"조선의 인문적인 모든 것이 단군에서 비롯하였다"

성씨 시조신화를 부정하고서 우리의 성씨와 족보가 있을 수 없는 것처럼,
단군신화를 부정하고서는 고조선의 역사와 민족 정통성의 이념, 그리고 단일민족
혈연 공동체로서의 '우리 민족'이라는 의식을 가질 수 없다. 최남선은 '조선의 인문적인
모든 것이 단군에서 비롯하였다 함은 우리의 오랜 전통적 신념'이라고 했다.
이처럼 단군신화는 13세기 대몽항쟁 시기나 일제 식민시기 등 국난의 시기마다
민족 공동체 의식의 구심이었으며, 통일을 앞두고 있는 우리 민족을 하나로 이어 줄 살아 있는
신화이다. 고려 태조가 창건한 개태사의 이 단군 영정은 화상(畵像) 사본(寫本)으로
『제왕운기』에 구월산 삼성사에 있었다고 기록되어 있고, 현재는 개인 소장인 단군 영정을
사진으로 담아 이곳에 모신 것이다. 기록으로 상고할 수 있는 가장 오래된 단군 영정은
신라시대의 것으로 신라의 솔거는 천여 장의 단군 영정을 그렸다고 한다.

충남 논산시 연산면 천호리 개태사, 단군 영정. 1997. 5.

충남 서산시 운산면 와우리 단군전, 단군 영정. 1998. 6.
근세 대종교계의 인쇄물로 된 단군 영정이다.
인왕산 국사당에도 같은 단군 영정이 모셔져 있다.

전북 익산시 동산동 천진전, 단군 영정. 1997. 5.
이시영 전 부통령이 만주 망명길에 가져갔다가
환국할 때 가져온 단군 영정이다.

무량수전의 지붕과 균형을 이룬 배흘림기둥의 선, 용마루의 선,
추녀의 이종곡선, 네 우주 위의 창방의 선 등은 화려장엄한
지붕에 절집이 위축되지 않도록 배려한 것으로 착시 현상을 이용한
선조들의 지혜의 미학이다. 산 능선을 따라 배치된 범종루 아래의
통로 계단을 오르며 펼쳐지는 안양루와 무량수전 그리고 배경의 봉황산은
정면이 아니라 옆으로 약간 돌아 앉은 형태로 더욱 입체적이다.
통로에 의한 가로 세로 2대1 구도의 시각 속에 계단을 오를 때마다
클로즈업되는 절집의 모습은 감동의 시각적 효과를 보여준다.
이 통로의 2대1 구도는 지금의 일반적인 사진 구도와는 전혀 다르다.
옛 사람들이 현대인보다 시야가 더 넓었으며 그것은 바로 그들의
정신적인 시야임을 상징적으로 보여주는 듯하다. 나의 사진 구도는
바로 이것을 본받은 것이다. 삼층석탑 앞에 서서 바라보면 부석사가
태산준령을 모두 품고 있음을 알 수 있다. 부석사를 피라밋이나 자금성 등
세계 어떤 건축물보다 넓고 큰 건축물로 느끼게 하는 부석사의 장엄은,
우리 선조들이 쌓아 온 문화가 세계 어느 문화보다도 큰 정신의 시야를
가지고 있음을 웅변하고 있다. 노을 지는 저녁, 삼층석탑 앞에서
무량수전과 눈 아래 흐르는 태산준령을 바라보며 고요를 깨는
법고의 울림을 듣노라면 자연과 건축과 소리가 하나되는 조화의
장엄한 크기를 느낄 수 있다. 나는 지금도 그 기억이 생생하다.
이때의 경험이 무슨 계시이기라도 한 것처럼 나는
우리 문화 원형의 유산들을 찾아 전국을 떠돌게 되었다.

경북 영주 부석사, 범종루 아래 통로 계단에서 바라본 안양루와 무량수전.(위)
경북 영주 부석사, 삼층석탑 앞에서 바라본 전경. (아래)

저자 박정태(朴正太)는 1947년 대구 출생으로,
중앙대학교 종합예술대학원 영상예술학과를
수료했다. 현재 단군학회 회원으로,
프리랜서 사진작가로 활동하며, 우리 문화의
정체성을 사진에 담는 작업에 진력하고 있다.

韓國基層文化의 探究 — **8**

우리의 原形을 찾는다

사진·글 박정태

初版發行 ——— 2000년 9월 20일
發行人 ——— 李起雄
發行處 ——— 悅話堂
　　　　　　　서울 강남구 신사동 506 강남출판문화센터
　　　　　　　전화 515-3141~3, 팩시밀리 515-3144
　　　　　　　http://www.youlhwadang.co.kr
　　　　　　　e-mail: yhdp@youlhwadang.co.kr
編輯 ——— 공미경·조윤형·이수정·양석환·홍진
북디자인 ——— 기영내
印刷 ——— (주)로얄프로세스
제책 ——— 가나안제책

＊값은 뒤표지에 있습니다.

Published by Youl Hwa Dang Publisher
Copyright ⓒ Park, Jung-tae
Printed in Korea

ISBN 89-301-0708-7